Peter Butschkow

Überleben
ab fünfzig

Lappan

Foto: © Fernando Baptista

Der Autor: **Peter Butschkow,**
in Cottbus geborener Berliner.
Jünger, als dieses Buch Seiten hat,
aber älter, als er aussieht.
Lebt an der nordfriesischen Küste
mit Vaterstolz und Mutterwitz.
Zeichner und Textautor.

© 2011 Lappan Verlag GmbH
Postfach 3407 · 26024 Oldenburg
www.lappan.de

Druck und Bindung:
Proost International Book Production

Printed in Belgium

ISBN 978-3-8303-3290-9

Der Lappan Verlag ist ein Unternehmen
der Verlagsgruppe Ueberreuter, Wien.

Vorwort

Aus der Null bist du gekommen, zur Hundert wirst du werden, dazwischen mögest du feiern. So heißt es im großen Buch der Geburtstage, und so sollst du es halten. Die saftige Fünf in deiner Altersnummerierung, sie bewegt die Gemüter seit jeher und sät Zwietracht und Neid bei all den Geburtstagen, die sich mit solch strammer Summe nicht schmücken können. Jedoch, was stört uns Streit unter zerstrittenen Zahlen? Geschenkt! Du bettest dich wohlig in deinen Jahren, so, wie es das große Buch der Geburtstage bestimmt hat, und genießt die Huldigungen und Glückszuweisungen, die dir schließlich so üppig auch nicht alle Tage widerfahren. Nur ein Lottogewinn würde dich vergleichsweise annähernd so beliebt machen. Vielleicht erreicht dich aber in dieser historischen Stunde auch ein Hauch Melancholie und Nachdenklichkeit? Hat das womöglich was mit Fragen über den Sinn des Lebens, über das „Älterwerden" zu tun, das, womit uns täglich Magazine und Zeitschriften in ihrer Themennot stereotyp quälen?

Der berühmte Papperlapapp sagte es einst so unübertrefflich: „Jeder ist einmalig, auch wenn jeder meint, er sei einmaliger als die anderen. Bleib so, wie du bist, und feiere dich, so oft es geht!" Wie wahr! Herzlichen Glückwunsch zum Geburtstag!

Inhalt

Überraschung!

Ihr Brief erreichte mich an einem Freitag. Zwischen grellbunten Baumarktprospekten und belanglosen Zahlungserinnerungen fiel er mir erst gar nicht auf. Anna, Frau von Ludger, schrieb mir. „Lieber Peter, wie du weißt, wird Ludger in drei Wochen fünfzig. Als Überraschung habe ich mir ausgedacht, heimlich all seine alten Freunde einzuladen. Ich glaube, er freut sich riesig. Ahnen jedenfalls tut er absolut nichts, weil ihm so gar nicht nach Feiern zumute ist und ich ihn scheinheilig dabei unterstützt habe. Würdest du kommen? Bitte gib mir doch recht bald Bescheid. Es wäre schön, wenn du vielleicht einen Salat mitbringen würdest, ersatzweise auch ein paar Fackeln, weil wir bei schönem Wetter draußen grillen möchten. Liebe Grüße, Anna."

Ich entschied mich für die Fackeln – ein Salat kann ja nur brennen, wenn er scharf ist – und antwortete Anna, dass sie fest mit mir rechnen kann. Anna freute sich sehr, als sie das las.

„Lieber Peter, ach, wie schön, ich bin begeistert. Fast alle haben zugesagt. Das wird eine Riesenüberraschung!"

Drei Wochen später war es so weit. Anna hatte alles perfekt organisiert. Der ahnungslose Ludger war mit dem Rasenmäher beim Nachbarn und schraubte in seligem Männerglück in dessen Garage am defekten Motor rum. Ein schöneres Geschenk gab es eigentlich nicht für ihn. Anna schob in gespielter Diskretion meine Fackeln unter den Tisch und öffnete mir die Speisekammer.

„Du hier rein, ja?" – „Äääh, kann ich nicht lieber in den Schrank?" – „Da sitzt schon Gunter, sein alter Kindergartenfreund." – „Und unterm Bett?" – „Da liegt Tim, sein Klassenkamerad von der Grundschule, Klaus, der alte Kumpel aus der Band, und Sonja, seine erste große Liebe." – „Lass mich einfach hinters Sofa." – „Besetzt! Da hockt bereits Gitti, mit der er früher im Sandkasten gespielt hat, und sein alter Freund Tobias aus

dem Internat." – „Eventuell auch die Kühltruhe, egal, aber ich hasse Spei-sekammern." – „Bedauere, die Kühltruhe ist randvoll mit Grillfleisch." – „Was ist mit dem großen Kleiderschrank?" – „Voll mit Verwandten."– „Die Truhe in der Diele?" – „Die größte Überraschung! Sein Cousin Robert aus Kalifornien." – „Meinetwegen, dann eben die Speisekammer." – „Da lernst du gleich mal Ludgers Mutter kennen. Steht gleich hinter den Konser-ven." – „Und wo könnte ich seinen Vater kennenlernen?" – „Besenkam-mer!" –„Dann lieber doch Speisekammer."

Anna erklärte mir kurz den Ablauf. Sobald Ludger die Wohnung be-träte und durchs Wohnzimmer liefe, trillere sie einmal mit der Hundepfei-fe, und wir springen alle aus unseren Verstecken und singen zusammen „Happy Birthday". Geschenke werden später überreicht.

In der Speisekammer roch es nach Gemüsebrühe und Hundefutter. Ludgers Mutter fragte höflich aus der Finsternis, mit wem Sie das Vergnü-gen hätte. Ich stellte mich vor. Ach, der Peter mit der Reinigung? Leider nein, eine eigene Reinigung wäre schon was, ich brauch mir ja nur mal´n weißes Hemd anzuziehen, zwei Minuten später latscht mir garantiert ein Käfer mit schmutzigen Füßen drüber. Der Lehrer Peter mit der thailän-dischen Frau? Schau an, die Lehrer, die Lehrer. Also auch nicht? Oh, dann würde sie mich wohl verwechseln. Nicht schlimm.

Wir warteten nun schweigend auf Annas Signal. Grade als ich mich hungrig auf die Suche nach einer Tüte Chips oder ein paar Erdnüssen durch das Regal tastete und dabei in die Dauerwelle von Ludgers Mutti geriet, zerriss ein greller Pfiff die Stille. Sofort stürzten wir beide wie abgespro-chen aus der Speisekammer und begannen umgehend mit dem Absin-gen von „Happy Birthday". Überall öffneten sich Türen und Schränke, die Überraschungsgäste quollen aus ihren Verstecken heraus wie Menschen aus einem U-Bahn-Ausgang und fielen in den Lobgesang ein. Im Wohn-zimmer stand fassungslos Ludger mit ölverschmierten Händen und wirren Haaren, wie vom Donner gerührt. Mann, war das eine Überraschung!
Einige Tage später entdeckten sie zufällig Ludgers ausgehungerten Opa hinter der Schlafzimmergardine. Er schwor Stein und Bein, dass keine Pfei-fe bisher getrillert hätte.

Tabu-Thema „Kompliment"

Das Überreichen verbaler Wohltaten nennt man Kompliment. Besonders an Geburtstagen ist der ideale Augenblick dafür. Das Kompliment ist so alt, wie der Mensch sprechen kann, trotzdem spricht man nicht wirklich drüber. Verständlich, denn die Gratwanderung zwischen Schleimerei und aufrichtiger Anerkennung ist verschwommen. Jeder spielt da sein Spiel und lässt sich dabei nicht gerne in die Karten kucken. Mit einem Kompliment lässt sich denn nicht nur die gute Stimmung des Gepriesenen steigern, auch eigene Interessen können dadurch positiv beeinflusst werden. Eine Charme-Attacke auf die Frau des Chefs z.B. festigt nachhaltig auch die eigene berufliche Position. Hier einige typische Komplimente und die Beurteilungen.

„Das glaubt doch keiner, dass du schon fünfzig bist."

Alle kommen extra, um einen fünfzigsten Geburtstag zu feiern, und dann sollen sie denken, es sei wohl gar nicht der fünfzigste, weil das Geburtstagskind wie vierzig aussieht? Was soll das denn? Das irritiert doch und sät nur Misstrauen. Schließlich soll dein Gesäusel doch einem ausgelassenen Fest dienlich sein und nicht den Charakter einer Betriebsversammlung haben, oder? Also: negativ!

„Du hast dich aber gut gehalten."

Wie gehalten? Wo gehalten? Im Kreuz? In der Schulter? Hat sich lange an der Kletterstange gehalten? Oder wie? Wenn, dann steht so ein Kompliment allein einem Orthopäden zu. Also: negativ!

„Verrate mir das Geheimnis deiner ewigen Jugend."

Na ja, na ja, ganz schön dicke, aber doch liebevoll blumig. „Jugend" kommt immer gut an. „Ewige Jugend" ist noch besser und grade heute, bei all den staatlichen Unterstützungen und Nahrungsmittelergänzungen, längst keine Fiktion mehr. Also: positiv!

„Du hast dich ja überhaupt nicht verändert."

Riskantes Kompliment. Stell dir mal vor, die Zielperson wünscht sich schon sein ganzes Leben lang, ein anderer zu sein, dann liegst du voll daneben. Also: negativ!

„Du machst mir insgesamt einen äußerst gepflegten Eindruck."

Na ja. Leicht gestelzt, dieses Kompliment. Vor allem hat es den Anschein, als sollte das heißen, dass die Person vorher einen ungepflegten Eindruck gemacht hat. Wie sonst solltest du denn den Unterschied beurteilen können? Also: negativ!

„Die Jahre haben dich ja wohl übersehen?"

Hallo! Ganz stark, echt! Jahre, die schusselig sind. Eine drollige Vorstellung, welche die Fantasie des Beglückwünschten ungemein anregt und ihn mit Recht prall stolz macht. Ja, das schmeichelt trefflich. Also: positiv!

„Deine Schönheit leuchtet von innen."

Und? Das heißt? Von außen ist die Person wohl hässlich? Geht ja nun gar nicht. Damit bist du schneller wieder vor der Tür, als dir lieb ist. „Leuchten" ist zudem in Zeiten der Preisdiktatur der Energiekonzerne ein ganz unsympathisches und unpassendes Wort. Also: negativ!

„Dein Haltbarkeitsdatum scheint unbegrenzt."

Ja, doch! Mit Humor, so ist es richtig!!! Das ist ein Kompliment, so solide wie eingeschweißte Salami. Also: positiv!

„Sag mal, warst du beim Schönheitschirurgen?"

Ein höchst grenzwertiges Kompliment! Sei gewarnt. das kann schnell einen vor die Rübe geben. Nicht jedem gefällt die Vorstellung, dass du ihn äußerlich für korrekturbedürftig hältst. Klar, du hast es eher witzig gemeint, das kommt aber nur bei Leuten an, die deinen Humor kennen – und dann müssen sie ihn auch noch lieben. Du verlangst zu viel. Also: negativ!

„Der Schimmer deiner Fettcreme streichelt die Anmut deiner Lachfältchen."

Altbacken und stillos. Damit punktest du allein in der Flensburger Fettnapf-Datei. Also: negativ!

Fuffziger fragen

Muss ich jetzt mein Leben ändern?

Nix da. Kommst doch mit der Fünf prima aus. War doch schon in der Schule so.

Sollte mir jetzt was wehtun?

Vielleicht, dass du fast dreißig Jahre umsonst Lotto gespielt hast.

Kann ich weiterhin essen wie bisher?

So lange du nicht zum Arzt gehst, wird dir alles schmecken.

Ist Sex jetzt für mich schädlich?

Wie gehabt, alle halbe Jahre, das geht in Ordnung.

Werden junge Menschen noch mit mir sprechen?

Ja, aber nur im Internet.

Soll ich jetzt mein Testament machen?

Unbedingt, und vergiss den armen Autor dieses Buches nicht, der dir damit so viel Freude gemacht hat.

Sollte ich jetzt meinen Führerschein abgeben?

Den wirst du sowieso bald los, wenn du weiter so Auto fährst.

Muss ich jetzt eine Brille tragen?

Ob du scharfe Augen hast, das sagt dir jede Kosmetikerin.

Ist vielleicht mal eine Kur zu empfehlen?

Wieso? Du gehst doch noch täglich ins Büro.

Sex and Drugs and Rock'n'Roll!
Den jedenfalls hast du dir noch bewahrt.

Lass dich nicht provozieren! Ein Mann in deinem Alter kann tragen, was er will.

Geburtstag vermeiden

Ein Geburtstag, das wollen wir mal ganz ehrlich sagen, auch wenn es unbequem ist, ein Geburtstag kostet Geld und Nerven. Diese Sonderbelastung ist im Grunde auch durch Geschenke nicht auszugleichen, auch das muss mal ausgesprochen werden. Eine offene Gegenüberstellung von Ausgaben und Einnahmen bringt die Wahrheit zutage, nämlich Miese. Viele Menschen haben das erkannt und die Konsequenzen gezogen: Sie sind an ihrem Geburtstag einfach nicht anwesend. Ein Postfach für eingehende Geschenke und eine kleine vorgedruckte Karte, auf der man sich höflich für die eingegangenen Präsente bedankt, reichen völlig. Es sollte darauf auch kurz erwähnt sein, warum man nicht feiern konnte. Hier einige konkrete Anregungen:

„Musste geschäftlich nach Burundi."
(Vorteil: weit weg)

„Hatte ein Einladung von Queen Elizabeth!"
(Vorteil: nachvollziehbar)

„War in Quarantäne."
(Vorteil: weckt Mitgefühl)

„Musste Schiff überführen!"
(Vorteil: unerreichbar)

„Bin im Gebirge aufgehalten worden."
(Vorteil: passiert jedem)

„War im Container eingesperrt."
(Vorteil: schwer nachzuprüfen)

„War zu Dreharbeiten in Hollywood."
(Vorteil: weckt Anerkennung)

Das sind nur einige Vorschläge, die sich, das muss hier zu guter Letzt auch noch mal gesagt werden, in der Praxis bewährt haben und sogar von der „Stiftung Ausreden-Test" das Prädikat „Besonders glaubhaft" erhielten.

Wenn es um Sex geht, bist du noch genau so trickreich wie früher.

Der „alte" Klassenkamerad

Mein alter Zahnarzt zog in eine andere Stadt, also suchte ich mir einen neuen. Ein guter Freund empfahl mir einen ganz in meiner Nähe. „Der macht das wirklich prima, keine Angst", sagte er.

Ich rief die Praxis an und bekam auch gleich einen Termin. Das Wartezimmer war hell und freundlich, an den Wänden hingen auch mal andere Bilder als die üblichen. Ich hatte viel Zeit, sie in Ruhe zu begutachten. Plötzlich fiel mein Blick auf einen Rahmen mit einer Urkunde. Dort stand in würdevollen Lettern geschrieben und bestätigt, dass und wann der Zahnarzt sein Examen gemacht hat. Sein Name und das Datum erregten schlagartig meine Aufmerksamkeit. Könnte das sein ...? Das wäre ja ein tolles Ding! In meiner Schulzeit hatte ich einen Klassenkameraden gleichen Namens, ein schlanker blonder, aufgeweckter Kerl, und ich erinnerte mich sogar noch, dass er damals immer davon sprach, eines Tages mal Zahnarzt zu werden. Ich glaube, sein Vater war es auch. Irgendwie war ich richtig ein bisschen aufgeregt. Nach so langer Zeit, was für ein Zufall.

Kurze Zeit später wurde mein Name aufgerufen, und ich nahm auf dem Behandlungsstuhl Platz. Meine Neugierde war riesengroß. Als der Arzt eintrat, zerplatzte meine Vorfreude wie eine Seifenblase. Dieser glatzköpfige, beleibte, weißbärtige Mann mit den tiefen Falten war nun ganz gewiss nicht mein alter Klassenkamerad, unmöglich. Dafür war er einfach zu alt. Aber irgendwie ließen mich diese namentlichen und zeitlichen Parallelen nicht ruhen. Nachdem er meine Zähne untersucht hatte, fragte ich ihn vorsichtig, ob er vielleicht auch das gleiche Gymnasium wie ich in München besucht hätte. „Ja!", antwortete er höchst interessiert. „Wann haben Sie denn ihr Abi gemacht?" – „1972, warum?" – „Dachte ich 's mir doch! Dann waren wir beide tatsächlich auf derselben Schule!"

Er betrachtete mich sehr konzentriert und fragte dann höflich: „Ach? Was haben Sie denn unterrichtet?"

„Mann, was riechst Du scharf! Ab fünfzig fängt
man wohl stärker an zu schwitzen?"

Charlottes Stunde

Gelungenes Melodram um eine blendend aussehende Fünfzigerin in den Händen eines kalabrischen Sonnenbrillenvermieters. Freunde der Geschenk-kultur werden auf ihre Kosten kommen. Herausragend: Bero von Jozz als Etagenkobold und Tina Bertolomini als Leiterin der Goldschleifenfabrik. Guter Film, etwas kürzer wäre jedoch länger gewesen. Für Geburtstags-kinder ab fünfzig geeignet.

Rosettas Falten

Fettiger Creme-Movie in Schrumpelvision. Kein Vergleich mit dem Vorgänger „Rosettas Schuppen". Achtloses Kino zu einem achtsamen Thema. Völlig fehlbesetzt: Hans-Hampel Wischnowski als Frau Förster und Mutter Munds-burg, gespielt von Höcker Immelhaus. Welche Rolle der jodelnde Pizza-bote eigentlich spielt, bleibt bis zum Ende unklar. Und warum der Schön-heitschirurg rasante Bettenrennen in der Privatklinik veranstaltet, echt, al-les offene Fragen. Das Buch zum Film ist auch kein Fältchen besser.

Wie ich mich fühle

Hand aufs Knie, das können nur die Franzosen! Sensibel erzähltes Schick-sal eines fünfzigjährigen Pariser Traubenzüchters (Pascal Montpellier), der auf dem Heimweg die Metrotreppe hinunterstürzt. Als er im Schoß einer üppigen Krankenschwester (Antoinette Bustier) aufwacht, stellt er sich die üblichen Beziehungsfragen. Sie, Ivonne, trägt ihn formvoll und mit umwer-fender Zärtlichkeit über die Schwelle zur zweiten Lebenshälfte. Großes Kino braucht nicht mehr als zwei Menschen.

Gefühltes Alter

Bin ich wirklich so alt, wie ich alt bin? Diese Frage stellen sich viele. Erstaunlicherweise vertragen sich die biologische Lebenszeit und das gefühlte Alter nicht besonders. Auch die Außenwelt übt großen Druck aus, wünscht sich, dass du gefälligst so alt zu sein hast, wie du bist. Dein Satz „Unglaublich, fünfzig Jahre, ich kanns gar nicht glauben", wird eher spöttisch belächelt. Da hilft es auch nichts, wenn du auf Inlinern zum Einkaufen fährst oder gerne mit dem I-Pod auf den Ohren durch die Boutiquen bummelst, sie sind misstrauisch und neidisch sowieso. Das alles darf dich nicht berühren, mach das, was dir Spaß macht und verhalte dich so, wie es dir deine Lebenslust befiehlt. Sollten die Kräfte mal nachlassen, dann lass das einfach zu, das kommt nämlich nicht vom Alter, sondern vom haltlosen Einkauf. Eine Bäckereifachverkäuferin ist sowieso zum Stillschweigen verpflichtet, und von Backwaren geht diesbezüglich generell keine Gefahr aus.

Lad dir einen runter!

Downloade dir doch zu deinem Geburtstag einen **coolen Klingelton!** Das ist Fun Pur, denn mit Sicherheit wirst du an diesem Tag von der halben Welt angerufen. Einfach bei „runterladen?" mit der rechten Taste „ja, aber zackzack" anklicken, dann den Speichervorgang abwarten, auf „schlender zu" drücken und dann auf „als Klingelton haben will". Beim nächsten Anruf ertönt dein neuer Klingelton. Hier die Auswahl:

Scheiß aufs Alter, Alter – Die Schlagertölpel

Und alle, alle, alle sind allergisch – Die Hautärzte

Pinkelpunker, hock die hi – Steffi Hinterhof

Ick schenk dir eine Opernglase – Roberto de Lotta

Die Geburtstagsrede von Heinrich Lübke – Heinrich Lübke

Kiss me Keith – Hertha Zobel und die Rolling Stones

Noch ´n Eimer Sangria, Maria – Die Obatzten

Der Gefangenenchor von Sambuca – Feta Athener

Lebt eigentlich die alte Gummimuffe noch? – Die Rohrspatzen

Lumpi, Lumpi, Lumpi – Die scharfen Schwestern

25

Einmal im Jahr

Der Mensch, der ist ein Nimmersatt,
er will gern immer mehr,
und wenn er mal Geburtstag hat,
da freut er sich schon sehr.

Doch einmal nur Geburtstag-Tag?
Warum nicht neun, nicht zehn?
Ein jeder es doch gerne mag,
im Mittelpunkt zu stehn.

Es gibt nun mal nur ein Event,
das dir im Jahr geschenkt,
genieß gefälligst den Moment,
der deinem Lebensstart gedenkt.

Nun stell dir vor, du wärest noch
zehnmal im Jahr geboren,
dann hättest du neun Klone noch
und wärst nicht auserkoren.

So wirst allein nur du geküsst,
und alle Gäste strahlen,
weil du ihr ganzer Liebling bist,
denn du wirst alles zahlen.

„Fünfzig km/h zu viel? Noch nie was von der Generation Fünfzig Plus gehört?"

Woran merkst du, dass du **50** bist?

Du schläfst jetzt lieber näher an der TOILETTE.

Du schreibst dir jetzt häufiger auf, was du VERGESSEN hast.

Du gehst jetzt nur noch am WARMBADETAG in die Schwimmhalle.

Du liest jetzt gerne Romane über PFLEGEVERSICHERUNGEN.

Du gehst jetzt vor dem KLASSENTREFFEN noch mal zum Schönheitschirurgen.

Du kündigst jetzt dein BRAVO-ABO.

Du schaust jetzt beim RÜCKWÄRTSFAHREN nur noch in den Rückspiegel.

Du hörst jetzt nur noch FETTREDUZIERTE MUSIK.

Du lagerst jetzt die FEUCHTIGKEITSCREME in Fässern.

Du läufst jetzt lieber auf dem JACOBSWEG als in der Fußgängerzone.

Du lässt jetzt deine alten SIEGERURKUNDEN rahmen.

Du surfst jetzt viel in der INTERNET-APOTHEKE.

Dr. Fuhrmann

So lange, wie ich mich erinnern konnte, saß er immer rechts oben am Tisch, ganz in der Nähe vom Geburtstagskind. Er war ein seriöser und gepflegter Mensch, lächelte stets freundlich in die Runde, aß mit unstillbarem Appetit und trank reichlich vom Besten. Hin und wieder schmatzte er diskret oder schleckte sich genüsslich mit der Zunge die Lippen. Seine brillanten Lobreden waren voller Poesie, das Ende seiner Ausführungen krönte er stets mit Zitaten, die erahnen ließen, über welch große Bildungsbreite er verfügen musste. Er war immer der Letzte, der ging, aber keineswegs sah man ihn jemals betrunken. Bei seinem Alkoholkonsum eine beachtliche, konditionelle Leistung. Jedes Mal verabschiedete er sich stilvoll von meinen Eltern, pries Speis und Trank und versicherte meiner Mutter seine größte Dankbarkeit für ihre unendliche Mühe und Arbeit und vergaß nie, noch seinem Entzücken über ihre immerwährende Schönheit Ausdruck zu verleihen.

Er gehörte zu unseren Familienfeiern wie die Gabel neben dem Teller. Wie ich darauf kam, weiß ich auch nicht mehr genau, möglicherweise ist es eine ganz natürliche Neugierde auf die Hintergründe der eigenen familiären Historie, die eines Tages geweckt wird.

Jedenfalls beugte ich mich im erwachsenen Alter an der Geburtstagstafel zu Ehren meines Vaters zu meinem älteren Bruder rüber und fragte ihn leise, in welchem Verwandtschaftsgrad eigentlich dieser großartige Doktor, der sich grade auf dem Höhepunkt einer geschliffenen Laudatio befand, zu uns stand. Mein Bruder schien verwirrt. Er wüsste es nicht genau, wahrscheinlich mütterlicherseits aus der Linie einer heimatvertriebenen Tante aus dem Raum Königsberg, aber ganz genau könne er es wirklich nicht sagen, eins aber wüsste er, dass nämlich Doktor Fuhrmann schon so lange unser Geburtstagsgast war, wie er sich erinnern kann. Er gehörte einfach dazu.

Ob Doktor Fuhrmann Mediziner sei, bohrte ich weiter, oder in welchem Fachbereich er sonst seinen Doktortitel erworben hätte? Keine Ahnung, sagte mein Bruder, Doktor Fuhrmann war für ihn ein Name wie Klaus oder Bruno Fuhrmann, gehörte einfach dazu. Und warum ihn alle immer noch siezten, das wusste er auch nicht. Doktor Fuhrmann war eine familiäre Kultfigur, keiner würde es wagen, Doktor Fuhrmann zu duzen.

Mein Wissensdurst war noch nicht gestillt. Wem konnte man wohl diesen wundervollen Menschen genetisch zuordnen? Ich war jetzt noch neugieriger. In der Küche fragte ich Mutter. „Der Doktor?", fragte sie erstaunt zurück. Nein, mütterlicherseits ganz sicher nicht, das müsste sie wissen. Doktor Fuhrmann käme gewiss aus der Familie meines Vaters, irgendeine Blutsverwandtschaft zum Großvater aus dem Fichtelgebirge, dessen Bruder auf einem kaiserlichen Kriegsschiff Heizer war und der wohl vier Kinder hatte; aus dem Aste dieses Stammbaumes spross unser Doktor Fuhrmann, so ähnlich hatte sie es jedenfalls in Erinnerung.

Mein Vater schwankte grade aus der Speisekammer, in den Händen neue Weinflaschen, als ich ihn kurz auf Doktor Fuhrmann ansprach. Er verstand mich nicht gleich. „Doktor Fuhrmann? Na, Doktor Fuhrmann ist Doktor Fuhrmann, warum fragst du?" Welcher Verwandtschaftszweig? „Na, irgendwo aus der Sippe deiner Mutter! Ein Cousin oder so! Reden wir morgen drüber, komm rein, lass uns weiter feiern!"

Die Stimmung im Raum wogte dem Höhepunkt zu, inmitten der erhitzten Gäste saß Doktor Fuhrmann entspannt zurückgelehnt, und in seinem Gesicht erkannte man wieder mal höchste Zufriedenheit über das Niveau der Bewirtung und die gesellige und angenehme Atmosphäre. Kurze Zeit später, ich trug grade zwei volle Aschenbecher in die Küche, traf ich Doktor Fuhrmann auf seinem Weg zur Toilette im Flur. „Liebster Doktor Fuhrmann, ich muss sie da mal was fragen!" – „Ja, mein Sohn!"

Ich nahm diesen wohlgenährten Mann mit den edlen Gesichtszügen liebevoll in den Arm. „Guter Doktor Fuhrmann, sie müssen mir mal bei Gelegenheit etwas über unsere gemeinsame Familie erzählen und über welche Ecken wir verwandt sind, das ist doch wirklich spannend, ich hab mich ja früher nie dafür interessiert!" – „Aber ja doch!"

Doktor Fuhrmann zwinkerte mir zu und verschwand in der Toilette.

Wir haben ihn nie wieder gesehen.

Diese T-Shirts gibt es nicht bei T-Schibo, nicht im T-Schad, nicht im T-Point, sondern exklusiv nur bei uns, für unsere Geburtstagskinder! Jede unerlaubte gewerbliche Nutzung wird jedoch mit bis zu fünf Jahren Galeerendienst bestraft.

Hier stehen
18250
Tage geballtes Leben.

Rate mal, wie alt ich bin?
Falsch!

Ich habe
fünfzig.

LIEBER
JUNG
IM KOPF ALS
BLÖD
IN DER BLUSE.

Ich bin

50

Schaffst du nie!!

ICH MUSS NICHT MEHR.
Ich will nur noch.

VORSICHT!!
Mobile Lebenserfahrung!

KEINE ANGST!
Ich sehe unscharf.

„Wasser trägt! Ist also der ideale Sportplatz für Menschen mittleren
Alters, die ihren Körper schon hier und da deutlicher spüren.
Die Begegnung mit dem Lästerfisch sollte die Freude nicht stören."

Alter und Sensibilität

Das Leben ist doch hart genug, darum sollte grade die Ehe ein Hort des Friedens und der Geborgenheit sein. Boshaftigkeiten gehören dort nicht hin. Besonders der Mann in den Fünfzigern wünscht sich Liebe und Verständnis und ist in diesem Lebensabschnitt seinem Körper gegenüber sensibler denn je. Grade jetzt ist es die Aufgabe der Lebensgefährtin, mit Kritik einfühlsam umzugehen. Bloßstellungen in der Öffentlichkeit dienen allein der Befriedigung persönlicher Aggressionen und sind ungehörig. Hier sollte schleunigst ein Unmutvermittlungsberater konsultiert werden.

Zu den Forellen, Felix Sedloscek
14,99 Euro

Kein Buch für Frauen! Hier geht es um den Mann, dem das Wasser fast bis zum Halse steht. Kurz zum Inhalt: Carl Ötzel, ein passionierter Angler und Stehlampen-Fetischist aus der Wachau, versteht die Sprache der Forellen. Als diese seine Köder verhöhnen, stürzt Carl in Selbstzweifel und Hypochondrie. Als der örtliche Urologe bei Castrop eine Blase feststellt, bleibt nichts, wie es mal war. Hauptmann Moser denunziert die Maut-Beauftragte, Edelweißzüchter Oberzuzler erstickt bei dem Versuch, sich einen Lodenslip aus dem Altkleidercontainer zu zupfen, und Pfarrer Kanzelmann wechselt zum Islam. Nur Carl steht wieder in der Furt. Ein Mann, ein Köder. Man verschlingt das Buch wie eine frisch geräucherte Forelle.

Lack, Stefan Hoolkreutz
19,95 Euro

Hoolkreutz, jahrelang bei der Stadtbahn als Getränkehalter beschäftigt, hat nun sein erstes Buch veröffentlicht. Und siehe da, durchaus lesbar. Ein Mann steigt aus, man spürt, dass Hoolkreutz weiß, wovon er schreibt. Ein ausgemusterter Panzerlackierer sucht sein Glück auf Teneriffa, züchtet Sonnenmilchkühe und scheitert am Schutzfaktor. Als er sich von den Klippen stürzt, trifft er im Meer auf die Walbeobachterin Anita. Beide verlieben sich und ziehen mit einem Tauchsieder als Wasserkocher um die Insel. Zu ihnen gesellt sich Roland, ein verwöhnter Spekulantensohn aus Frankfurt, der sich in Anita verliebt. Daraus entstehen Verwicklungen, wie sie jeder von uns kennt.

Johannas Haus, Ann-Katrin Yill
14,90 Euro

Das neueste Werk von der Spezialistin für Hormon-Romane. Die All-inclusive-Maniküre Geraldine wirft ihren Job hin, verlässt ihren Mann und seine geliebte Mutti und kauft sich ein altes Haus. Was nach Bausparkassen-Thriller klingt, entpuppt sich rasch als gefühlvoller Blue-Eye-Roman im Hot-Shot-Stil, wie wir ihn auch von Precilla Menstrus kennen. Frauenschicksale im mittleren Alter. Der Durchbruch zum alten Kellerraum wirkt wie eine Metapher auf all das. Geraldine mauert nicht, sie holzt, wenn es getan werden muss.

Eine Frau, die ihr Leben noch mal packt, sich nimmt, was das Leben lebenswert macht. Männer spielen also nur Nebenrollen.

Landzunge, Balu Onko
19,80 Euro

Irland im 18. Jahrhundert. Die keltische Luftsackbläserin Maggy McGuire bläst Lieder gegen die Kartoffelfäule. Ein düsteres Kapitel irischer Geschichte, aber es wäre nicht ein Roman von Balu Onko, wenn nicht die Liebe die Finsternis erhellen würde und uns aus dem Tal der Tränen erlöst. Und so kommt es dann auch. Es ist kein Verrat, wenn ich hier preisgebe, dass es O'Hara ist, der Maultrommler, der Maggy an der Landzunge von Ballylought ein Geheimnis verrät, dass erst ganz am Ende offenbart wird: O'Hara heißt eigentlich Edelgard und ist eine geflohene von Schweinsberger aus Bamberg. Wird Maggy, die ja auch erst fünfzig ist, sich entscheiden? Wofür? Genug der Ausplauderei.

Ich nenne das Rausschmiss

Zugegeben, ich hatte mich vergrößert, aber ist das ein Grund? Wenn man mich fragt, also, ich war zufrieden. So preiswert wohne ich nie wieder. Man kann sagen, wie Vollpension.

Kost und Logis frei, Heizung und Strom inklusive. Kann man nicht meckern. Und dann ohne Begründung, von heute auf morgen, der Rausschmiss. Unerhört!

Ich habe mich nie beklagt, gut, es hätte mich auch nie jemand gehört, die Menschen heute sind ja alle so sehr mit sich beschäftigt, wen interessieren da schon fremde Wohnungsprobleme. Aber wenn mir was nicht passt, kann ich durchaus auch Signale setzen. Manchmal habe ich dann nur gegen die Wände geklopft oder ein bisschen gerumpelt, das reichte schon, um meinen Unmut zu vermitteln.

So einen geduldigen Untermieter findet meine Hausbesitzerin nie wieder, da kann sie lange suchen. Weiß nicht, ob sie die Wohnung leer stehen lässt oder wieder anderweitig vermietet, keine Ahnung. Wir hatten uns doch so schön aneinander gewöhnt.

Ich war ein angenehmer Mieter, wirklich. Nie laut oder anderweitig auffällig, hab nie einen Wasserrohrbruch fabriziert oder eine Verstopfung verursacht oder was anbrennen lassen oder so, zugegeben, ich habe auch niemals gekocht, hab mir das Essen ja immer kommen lassen. Keinen einzigen Tag hatte ich Besuch, das muss man sich mal vorstellen, andere feiern ständig Partys. Auch Haustiere oder so was, kein Thema. Okay, meine Bude war nicht allzu groß, mit der Zeit wurde sie auch enger und enger, aber man kennt das ja. Typische Single-Behausung, da kommt ja immer ein Haufen zusammen.

Zudem bin ich ein bescheidener Mensch, brauch nicht viel. Ich traue es mich gar nicht zu sagen, aber grundsätzlich war ich in meiner Wohnung nackt. Es war immer so schön warm, ich mag dann keine Klamotten am Körper. Jeder, wie er's mag, sage ich immer.

Der Rausschmiss kam für mich auch völlig überraschend, von heute auf morgen. Ich hatte noch nicht mal Zeit, meinen Anwalt einzuschalten oder mich wenigstens bei der Mieterberatung zu

erkundigen. So kann man doch nicht mit einem jungen Menschen umgehen. Nur weil ihr die Wohnung gehört meint sie, sie kann mich einfach so rausschmeißen? So was geht doch nicht. Bis dahin hatten wir uns eigentlich bestens verstanden, umso größer dann der Schock. Ich weiß auch gar nicht, was sie dazu getrieben hat?

Hatte ich schon gesagt, dass sie mit mir im selben Haus lebte? Das ist oft nicht ganz so einfach, Eigentümer und Mieter unter einem Dach, hört man ja hier und da. Unruhiger war sie schon in letzter Zeit, wenn ich so drüber nachdenke. Ich hörte sie öfters schnaufen. Hab mich manchmal schon gefragt, ob sie wohl unzufrieden ist? Viel wusste ich eigentlich nie von ihr, sie hat mich auch nie besucht. Klingt jetzt unglaublich, aber ich habe sie niemals gesehen, wusste bis zu meiner Kündigung nicht, wie sie überhaupt aussieht. Das muss man sich mal verdeutlichen. Wie ein Phantom, die Frau. Wenn ich sie nicht regelmäßig gehört hätte, hätte ich vermutet, es gibt sie gar nicht. Warum habe ich Sie eigentlich niemals eingeladen? Hab ich tatsächlich nie. Ob sie womöglich deswegen sauer war? Aber, ich nackt – und dann Damenbesuch? Da bin ich keusch, tut mir leid.

Ich bin ja ein friedlicher Mensch, aber möchte schon mal sagen, dass ich einige Male auch Grund gehabt hätte, mich über sie zu beschweren. Wenn sie mal Gäste hatte, war sie oft reichlich ausgelassen. Ich hatte immer den Verdacht, dass so manches Gläschen diesen Zustand noch spürbar verstärkt hat. Nein, maßlos getrunken hat sie nicht, sage ich ja auch gar nicht, ist nur so eine Vermutung, mehr meine ich nicht. Wenn sie dann tanzte, war in meiner Bude die Hölle los, ich konnte dann nie richtig schlafen. Das schien ihr aber reichlich egal gewesen zu sein. Sie war ja die Hausbesitzerin. Und dann ihre Streitereien, ja, kam schon gelegentlich vor. Ich hab nur immer die Stimmen gehört, waren oft verschiedene. Eine tiefere kam häufiger vor. Erreicht einen ja denn doch, so eine schlechte Stimmung. Konnte ich oftmals auch nicht so gut schlafen, bin da eben sensibel.

Gelegentlich klopfte sogar jemand recht energisch, häufig sogar sehr wuchtig an meine Tür. Ich habe nie geöffnet. Aber, ist doch schon frech, oder? Selber ziemlich lebenslustig – und so einen friedfertigen Menschen wie mich rausschmeißen. Und ohne Begründung! Sie hat dann so lange Druck auf mich ausgeübt, bis ich es nicht mehr aushielt.

Bin dann raus – nackt! –, das müsst ihr euch mal ausmalen! Oh, oh, war mir das peinlich.

Da war gleich ein ganzes Empfangskomitee, total aufgeregt, irgendwie auch eine unerklärlich freudige Stimmung. Ich war erst mal sprachlos. Da fliegt man raus, und andere freuen sich.

Verstehe einer. Dann hab ich richtig losgekräht, Mann, war ich wütend. Und kalt war mir.

Wollte mich beschweren, und was soll ich euch sagen? Die gratulierten noch meiner Hausbesitzerin und nannten das meinen „Geburtstag". Ich nenne das Rausschmiss.

*Frauen neigen nicht nur dazu, ein Zeitfenster zu putzen,
sondern es auch schmerzhaft auszureizen. Ihre Nerven sind
wie Drahtseile, wenn es darum geht, noch Minuten vor
Festlichkeiten ihre kosmetischen Rituale stressfrei zu vollenden.
Das wird mit dem Alter nicht besser, eher dickfelliger.*

Gesagt ist gesagt!

Krankheit ist
die Talkshow
der Älteren.

Junge Menschen
suchen Perspektiven,
ältere Menschen
suchen ihre Brille.

Der Feind
des Alters
ist der Geist.

Der Mensch
altert nicht,
er reift.

ERINNERUNGEN
SIND
HOCHSTAPLER.

Mit dem Alter
kommt die
Weißheit.

44

Damals, als du geboren wurdest, da gab es …

... den Abstandwarner

In den 50er-Jahren begeisterte eine geniale Erfindung den Autozubehörmarkt, auf die alle Autofahrer/innen, die über ein unsicheres Augenmaß beim Einparken verfügten, sehnsüchtig gewartet hatten: Der Abstandwarner! Wie er ganz korrekt hieß, ich weiß es nicht mehr. Er war nichts weiter als ein elastischer, verchromter Metallstab, der unten in Bordsteinhöhe an der Einstiegsschwelle am Auto angebracht wurde und zirka 20 Zentimeter von ihr abstand. Am unteren Befestigungsbereich war er spiralförmig, was ihm die nötige Beweglichkeit verlieh. Fuhr der Fahrer zu dicht an den Bordstein, so vernahm er ein unangenehmes, unüberhörbares Kratzen, ein Warnsignal, dass er zu dicht an die Bordsteinkante herangefahren war. Welch einfache – aber geniale – Lösung! Meine Mutter schrie dann immer aufgeregt: „Fred! Du bist zu dicht dran!", was meinen Vater zum Wahnsinn trieb. Als Folge davon parkte er dann halb auf der Straße. Daraufhin rief meine Mutter dann: „Fred! Du stehst zu weit auf der Straße!" Das reichte. Vater baute das Teil wieder ab. Nun rief meine Mutter dann wieder wie bisher: „Vorsicht, Fred! Die Bordsteinkante!" Vielleicht ist diese praktische Erfindung dann auch aus diesen Gründen – obwohl von der Scheidungsanwaltskammer gesponsert – ganz schnell wieder vom Markt verschwunden?

... Radio Luxemburg

Es gab einen Platz, an dem konnte einem keiner etwas anhaben, weder die Eltern noch die Schule oder irgendjemand – und dieser Platz war unter der Bettdecke. Dort konnte man nicht nur so wundervoll mit sich selber spielen, sondern auch sein kleines Transistorradio mitnehmen, und wenn der elterliche Befehl „Schlaf gut!!" ins Zimmer drang, dann ging es unter der Bettdecke erst richtig los. Aufgeregt presste man sein Ohr an den kleinen Lautsprecher und drehte an der runden Senderwahlscheibe bis man IHN endlich hatte. Radio Luxemburg!!! Er war wie E.T., etwas aus einer ganz fernen, unglaublich faszinierenden Welt – und so hörte er sich auch an. Es störte und rauschte ständig auf der Frequenz, dazwischen vernahm man immer wieder mal Töne, Musik, die es in deutschen Rundfunkhäusern damals nie zu hören gab, bestenfalls wöchentlich einmal in einer Sondersendung für junge Menschen. Musik in englischer Sprache, von den Beatles, von den Rolling Stones, von den Kinks, auf den Ätherwellen schwankend, auf und ab unter meiner Decke, ganz alleine mit mir, eine neue Zeit ausrufend, meine Zeit, mein pochendes, drängendes Leben. Die da, außerhalb meiner Federbettenfestung, hatten nicht die geringste Ahnung. Ich lauschte und träumte, bis die Ohren glühten, und mitten in der Nacht wachte ich irgendwann auf, weil mein Kopf auf etwas Hartem lag. Und das sendete immer noch eisern auf den unruhigen Wellen – und kostete ganz schön Batterien.

Damals bedienten die deutschen Rundfunksender ausschließlich die Erwachsenen, die in Musiksendungen wie dem sonntagvormittäglichen Dauerbrenner „Zwischen Hamburg und Haiti", einer Sendung des NDR mit bundesweiter Ausstrahlung, ihre Erfüllung fanden. Für meine Eltern gehörte diese Sendung zum Sonntag wie ihr Fünf-Minuten-Ei unter das gestrickte Warmhaltemützchen. Mir war es egal. Auf mich wartete abends unter der Bettdecke meine kleine, quäkende Schatzkiste, um mich wieder auf den anderen Musikstern zu entführen. Für mich lag Luxemburg da oben irgendwo.

Kam mir dann eines Tages jedoch einer dieser geheimnisvollen Musiktitel in makelloser Sendequalität oder von Schallplatte zu Ohren – er war wie entweiht, entzaubert, so steril und langweilig, so, als stünde der Außerirdische persönlich vor mir – und sähe aus wie Hausmeister Krause.

... *Reader's Digest*

In jeder guten deutschen Arztpraxis lag es im Wartezimmer, abgewetzt, vom Angstschweiß Tausender Patienten durchdrungen: Das Reader's Digest. Nach Levi's Jeans und Coca-Cola der dritte Pfeiler amerikanischer Kulturvermittlung auf erobertem Boden, handlich und übersichtlich, mit Kurzgeschichten, Weisheiten, Tipps und wunderschönen Illustrationen in diesem realistischen, amerikanischen Stil, wahren zeichnerischen Meisterleistungen. Anständig, brav und fromm, aus dem fernen Amerika, dem Land, wo jeder vom Teller- zum Geldwäscher werden konnte. Das Reader's Digest war so clean, dass meine Mutter stolz bemerkte: „Unser Junge liest sogar das Reader's Digest."

Da mein Hausarzt ein beliebter Mann war, kam man nur über drei- bis fünfstündige Wartezeiten an ihn heran, ein Zeitraum, wie geschaffen, um den angebotenen Vorrat an Reader's-Digest-Exemplaren durchzuarbeiten. Der Höhepunkt im Heft war für mich der regelmäßige Beitrag: „Ein Mensch, den man nie vergisst." Die wohl berühmteste Kolumne, bewegend bis an den Rand des Tränenergusses. Dort las ich von einfachen Menschen und großartigen Taten, von guten Omis und tapferen Soldaten, von hilfsbereiten Fahrstuhlführern und mutigen Busfahrern, von wackeren Rettungsschwimmern und liebesfähigen Hundebesitzern, von Menschen eben, die man bis zum Ende seines Lebens niemals wieder vergisst. Seltsam, jetzt, wo ich das schreibe, merke ich, dass ich all diese Menschen in diesen bewegenden Geschichten komplett vergessen habe.

Dafür gibt es natürlich Menschen aus meinem persönlichen Leben, die ich sehr wohl nie vergessen habe und werde. Meinen Hund z.B., von dem ich bis heute überzeugt bin, dass er ein Mensch war. Drum hatte ich ihn auch „Rudi" genannt. Und selbstverständlich das Reader's Digest, das habe ich auch nicht vergessen, kann aber wirklich nicht genau sagen, was es Bedeutsames in mir hinterlassen hat.

Eigentlich erinnert es mich, ehrlich gesagt, mehr an meinen guten alten Onkel Doktor, der mir wie kein Zweiter so sanft die Spritze in den Hintern jagte.

Ein unvergesslicher Künstler! Er ist längst tot, aber das Reader's Digest lebt noch immer.

ROOM50

DAS MAGAZIN FÜR BEFREITES WOHNEN

Wohnen in Irland
Kamingespräche in Ballybran

Artgerechtes Sitzen
Sofas und Rückenschmerzen

Der Beistelltisch
Bierglasrand und Chipsgebrösel

Alternative Pavillon
Interview mit
Großfürstin von Puseratze

4 195883 203801

TEST: Treppenfahrstühle

Es ist nicht zu spät, wenn du dich jetzt bewusster deinen Kindern zuwendest, denn eigentlich sind sie ja fast aus dem Haus. Grade im reifen Alter erinnert man sich nach einer langen Zeit der Verdrängung an die eigene Erziehung und bewertet sie in vielen Fällen zumeist erstaunlich anders, eher positiver als früher. Was auch damit zu tun hat, dass man in späteren Jahren versöhnlicher wird. Eines aber will man um jeden Preis besser machen, als es die eigenen Eltern taten: die sexuelle Aufklärung! Also pack das Thema an, zaudere nicht, die jungen Menschen verstehen heute Klartext. Solltest du jedoch missverstanden werden bzw. feststellen, dass du wohl in einer bestimmten Phase vorübergehend den erzieherischen Anschluss verloren hast, dann nutze die Chance, deine Wissenslücken zu füllen. Kinder sind überglücklich, wenn sie den unbedarften Eltern mit ihrer komplexen Erfahrung auch mal etwas zurückgeben können.

Kleine Zipperlein gehören ins Privatleben und nicht in die Öffentlichkeit.

Worte an junge Großeltern

Viele quietschvergnügte Fünfzigjährige werden jetzt plötzlich Großeltern, einige finden sich in dieser neuen Rolle noch nicht zurecht, fühlen sich selber noch viel zu unreif und unerfahren. Kein Problem. Der folgende Text wird euch bei der Selbstfindung hilfreich zur Seite stehen.

Die unbekannte Macht, die bisher so viele angestaubte deutsche Wörter im deutschen Alltag in weltoffenes Englisch umgetauft hat, ist bisher an unseren eisernen „Großeltern" gescheitert. Die lassen sich nicht so einfach zur „Grandma" oder „Grandfa" machen. Wohl stehen da alternativ „Oma" oder „Opa" zur Verfügung, die aber duften noch stärker nach 4711 und Zigarrenstumpen. Die heutigen vitalen Großeltern also, die durch die erfüllte Sexualität ihrer erwachsenen Kinder das große Glück einer völlig neuen, letztlich jedoch uralten Rolle erfahren, verfügen also allein über solche altbackenen Titel. Wie wäre es dann mit „Parents light"? Stelle ich hiermit, inkl. Nutzungsrecht, den Großeltern zur Verfügung. (Hoffentlich denkt keiner, das sei eine neue Margarine!) „Parents light" beschreibt auf den Punkt, was diese Personen ausmacht. Gemeint sind keineswegs „Leichte Eltern", gemeint sind Menschen in liebender Begleitfunktion mit reichem Lebensschatz und der weisen Distanz der Erfahrenen. Im Grunde hat sich an der Rolle im Vergleich zu früher grundsätzlich nicht allzu viel geändert, dennoch hat sich was getan, z.B., dass heute mehr Muttis zusätzlich nach einem erfüllten Arbeitsleben streben. In diese Betreuungslücke springen die Kindergärten – und mehr denn je Oma und Opa. Aber auch Oma- und Opasein muss neu erfahren werden. Hier ein paar einfache Grundregeln:

! Junge Eltern haben das Recht auf eigene Erziehungsmethoden und damit auf eigene Fehler. Sollten euch eure ehemaligen Kinder zu streng erscheinen, vergesst nicht, dass ihr es selber wart, der sie/ihn so erzogen hat. Hier gibt es bei den Großeltern eine hohe Vergesslichkeitsquote. Sollten sie euch wiederum zu weich erscheinen, gilt das Gleiche. In beiden Fällen werdet ihr immer heimlich der Anwalt eures Enkelkindes sein. Das ist unfair – aber ganz natürlich. Schämt euch also nicht.

! Fangt gar nicht damit an, eurem Enkelkind einzutrichtern, euch mit eurem Vornamen anzureden, nur weil ihr euch bei „Oma" oder „Opa" so seltsam alt fühlt. (Siehe oben.) Es gibt keinen Grund zur Peinlichkeit, diese Rolle sollte euch mit Stolz erfüllen! Außerdem stößt es der Öffentlichkeit ungleich mehr auf, wenn ein kleines Kind zu einem deutlich älteren Verwandten z.B. „Hansi" sagt.

! Traut euch bei Überforderung oder Überlastung, von eurem unverbrieften Rückgaberecht Gebrauch zu machen. Genau das ist ja das Neue und Schöne an dieser Rolle. Die Liebe eures Enkelkindes wird euch trotzdem erhalten bleiben. Trennung schafft Sehnsucht. Fürchtet euch also nicht.

! Eine eurer wichtigsten Aufgaben wird es sein, bei den Enkelkinder das Süßigkeitendefizit auszugleichen. Praktizierende Eltern sind hier häufig hartherzig. Habt also immer reichlich „Naschi" im Haus, und das Herz eures Enkelkindes weiß, wo es hingehört. Scheut euch also nicht.

! Häufig steht ihr mit einem weiteren Großelternpaar in Konkurrenz. Verbrüdert euch mit ihnen, zusammen könnt ihr manch unsichere Erziehungsmethoden der Eltern zum Wohle eurer Enkelkinder sanft in die rechten Bahnen lenken. Verwehrt euch also nicht.

Alles wird gut. Und ihr seid es sowieso von Haus aus. Viel Spaß also als „Parents light"!

Wer immer es auch war, ...

... der ihm diesen Gruß schickte, er hatte wenigstens einen einsamen Auswanderer und seinen fünfzigsten Geburtstag nicht vergessen.

Politiker auf Geburtstagsfesten

Thema Sport

Ruhig, Brauner!!

In diesem Alter teilen sich die Menschen in zwei Gruppen. Die eine, die bis jetzt Sport getrieben hat, hört damit auf, die andere Gruppe, die bis jetzt keinen Sport gemacht hat, fängt damit an. In dem Bedürfnis, an ihrem Bewegungsapparat all das wiedergutzumachen, was sie bisher vernachlässigt haben, neigen diese Menschen zu extremer Sportlichkeit. Der erste Platz beim Iron-Man-Triathlon ist ihnen grade gut genug. Sportmediziner warnen, aber das ist ja fast schon ihre Lieblingsrolle, dennoch ist ein behutsames Trainingsprogramm geraten. Wir empfehlen anfänglich einen sanften Hindernislauf, später dann leichte Barrenarbeit. Wer keine eigene Sporthalle hat, kann auch zur Arbeit joggen, ab dreißig Kilometer wird das als Bewegungspauschale vom Finanzamt anerkannt. Ein bisschen Respekt tut ja auch der Seele gut.

Lappan · Bücher, die Spaß bringen!

Peter Butschkow
Überleben mit Frauen
ISBN 978-3-8303-3241-1

Yves-Cédric Ton-That
Überleben auf dem Golfplatz
ISBN 978-3-8303-3064-6

Peter Butschkow
Überleben mit Kindern
ISBN 978-3-8303-3149-0

Peter Butschkow
Überleben ab dreißig
ISBN 978-3-8303-3289-3

Peter Butschkow
Überleben ab vierzig
ISBN 978-3-8303-3176-6

Peter Butschkow
Überleben als Opa
ISBN 978-3-8303-3292-3

Peter Butschkow
Überleben auf dem Lande
ISBN 978-3-8303-3287-9

Peter Butschkow
Überleben mit Männern
ISBN 978-3-8303-3240-4

Peter Butschkow
Überleben ab sechzig
ISBN 978-3-8303-3291-6

R. Dieckmann, J. Rieckhoff
Überleben im Büro
ISBN 978-3-8303-3204-6

R. Dieckmann, J. Rieckhoff
Überleben in der Ehe
ISBN 978-3-8303-3229-9

Peter Butschkow
Überleben als Oma
ISBN 978-3-8303-3161-2

Peter Butschkow
Überleben im Ruhestand
ISBN 978-3-8303-3293-0

Peter Butschkow
Überleben in der Schule
ISBN 978-3-8303-3221-3

Peter Butschkow
Überleben unter Segeln
ISBN 978-3-8303-3086-8

Peter Butschkow
Überleben beim Zahnarzt
ISBN 978-3-8303-3133-9